FRANCES HOGAN

Perdono

il volto glorioso dell'amore

EDITRICE IL DONO
CASELLA POSTALE 193
46100 - MANTOVA

Titolo originale *Forgiveness*
The Glorious Face of Love

Pubblicato da Editrice IL DONO
Via Conciliazione, 59
46100 Mantova

Sede legale Corso Vittorio Emanuele, 70
37069 Villafranca (VR)

Stampa Arti Grafiche Chiribella
Bozzolo (MN)

ISBN 88-86298-20-X

1ª EDIZIONE
AGOSTO 1995

Editrice "IL DONO"
Casella Postale 193
46100 - MANTOVA

Indice

Parte terza

Parte prima

Dio ci chiede di perdonare

Dio ci chiede di perdonare

Amare è perdonare / Perdonare è amare

Quando siamo testimoni di un pubblico esempio di perdono di fronte ad un atto malvagio siamo profondamente colpiti da una tale nobiltà d'animo. Questo fu il caso di un padre eroico che perdonò gli assassini di sua figlia a Enniskillen. Così fu anche quando il Papa andò a trovare in prigione chi aveva cercato di assassinarlo, per concedergli il suo personale perdono. Questi atti ci dimostrano *perché* Dio ci chiede di perdonare, poiché anche i presenti sono nobilitati da tali azioni, per non parlare dei protagonisti: come possiamo urlare per avere vendetta quando la parte lesa perdona con amore?
Assistere ad un tale comportamento non ci dimostra in qualche modo che cosa significhi essere veramente figli di Dio? Il perdono è un esempio di vittoria del bene sul male, una dimostrazione che laddove è abbondato il peccato, ha sovrabbondato la grazia (cfr. Rm 5,20). Osservare tali atti di

eroismo ci libera dalla disgustosa sensazione che il mondo sia governato solo da persone malvagie e che noi siamo impotenti di fronte a tali cattiverie. Il perdono è l'istituzione divina per affrontare l'ingiustizia. Spezza la catena del male, dello spirito di vendetta, dell'occhio per occhio che serve soltanto ad aggravare il problema. Non soltanto spezza il ciclo del male, ma anche il suo potere, neutralizzandone gli effetti. È come sottrarre la spada dalla mano dei nemici e spezzarla, lasciandoli senza difesa. Il perdono è la difesa liberatoria del figlio di Dio. È anche una delle chiavi del regno dei cieli e coloro che la usano conoscono la gioia della presenza di Dio nella loro vita, ed anche della sua protezione contro tutti i nemici materiali e spirituali, ora e per sempre.
Quando acquistiamo una macchina, di norma ci viene dato un libretto di istruzioni del fabbricante. Questo libretto contiene le istruzioni per la comprensione e il corretto uso della macchina. Fornisce anche istruzioni all'utente sulle procedure da seguire in caso di guasto o di cattivo funzionamento. E nell'eventualità di ogni possibile difetto, fornisce il nome, l'indirizzo e il numero di telefono del fabbricante. Il nostro buon Dio ci ha forniti di un "libretto di istruzioni" nella Sacra Scrittura, libretto in cui il Creatore e Redentore dell'umanità dice alle sue creature come comportarsi per poter vivere nel modo migliore possibile. Insegna cosa fare quando le cose vanno male e come contattarlo nella preghiera. In questo libret-

to tratteremo proprio tali argomenti. A proposito del perdono Gesù disse: "Siate misericordiosi, come è misericordioso il Padre vostro. Non giudicate e non sarete giudicati; non condannate e non sarete condannati; perdonate e vi sarà perdonato; date e vi sarà dato; una buona misura, pigiata, scossa e traboccante vi sarà versata nel grembo, perché con la misura con cui misurate, sarà misurato a voi in cambio".

Qui sono enunciati a chiare lettere i principi di una vita coronata da successo. Il Signore ci dice che se saremo misericordiosi, non faremo mai del male al nostro prossimo, poiché la misericordia significa guardare negli occhi dell'altra persona, sentire e condividere il suo dolore. Questo ci consente di essere misericordiosi. Come desidera che partecipiamo al dolore degli altri, ugualmente il Signore desidera che ci asteniamo dal giudicarli o condannarli, il che significa che rifiutiamo di partecipare al ciclo del male, e anche che rifiutiamo – per amore – di accrescere il loro dolore. In definitiva lasciamo tutta la giustizia ed il giudizio a Dio, poiché Egli giudica con imparzialità e piena conoscenza di tutte le circostanze.

Col rifiutarci di partecipare al ciclo del male, noi quindi perdoniamo il colpevole in modo tale che l'onere del suo peccato non venga aumentato dal peso della nostra condanna, fatto che potrebbe rendergli impossibile la guarigione o il ritorno a Dio. Gesù riassume tutto questo dicendo: "Sii una persona che dona agli altri, perché allora sperimenterai l'illimitata generosità di Dio nei tuoi confronti, in ogni sfera della vita. Coloro che perdonano saranno facilmente perdonati; gli indulgenti riceveranno indulgenza nel tempo del bisogno; coloro che rifiutano di condannare, non saranno a loro volta condannati. In altre parole, si raccoglie ciò che si semina (cfr. Gal 6,7-9; 5,13-24). Prendere parte al giudizio e alla condanna o, peggio ancora, alla vendetta, è un esempio di semina di vento e di raccolta di tempesta (cfr. Os 8,7).

Esempi di perdono

Non vi è niente di più stupendo dell'essere perdonati dopo aver sbagliato. Si rimane profondamente colpiti quando ci vien detto che siamo stati perdonati per ciò che abbiamo causato; che non vi saranno ulteriori conseguenze e che l'amicizia nei nostri confronti continuerà a permanere come se nulla fosse accaduto. Istintivamente si comprende di essere amati e, per di più, che tale amore è immeritato. Abbiamo sperimentato la *misericordia*, un dono davvero divino. Consideriamone alcuni esempi, e poi proseguiremo nell'esaminare questo meraviglioso dono che Dio ci chiede di offrire a coloro che ci hanno offeso.

In primo luogo osserviamo il re Davide che visse mille anni prima di Cristo, e che pertanto non ebbe le grazie e le opportunità concesse a noi che viviamo nell'era della divina misericordia. Davide visse al tempo in cui vigeva l'alleanza di Mosè, che era molto più rigorosa della legge di Cristo, che racchiude in sé tutto l'amore umano e divino. Nell'antica alleanza si dava per scontato di uccidere i propri nemici, non di avere misericordia e di perdonarli, cosa che è caratteristica di Cristo (cfr. Mt 5,44). L'antica legge si conformava alla legge del taglione "occhio per occhio, dente per dente" (cfr. Es 21,24).

Le vicende che ci interessano sono narrate in 1 Samuele 24 e 26 dove Davide fugge dal re Saul, non a causa di sue colpe, ma di una indeterminata e insana gelosia di Saul per le doti di Davide ed anche a causa del suo successo in guerra (cfr. 1 Samuele 18,6-10). Saul era deciso a uccidere Davide con le sue mani, pertanto gli diede spietatamente la caccia per anni in ogni regione di Israele. Come re, avrebbe potuto facilmente ingaggiare un sicario per fare il lavoro, ma preferì farlo personalmente, invece di proseguire nel governo del suo paese.

Questa frenesia lo consumò e lo spinse continuamente a perlustrare il paese alla ricerca di Davide, a cui, nel frattempo, erano stati negati tutti i diritti. La situazione divenne così seria, da rendere pericoloso cercare di aiutare Davide, perché ciò significava perdere la vita, come avvenne ai sacerdoti di Nob (cfr. 1 Sam 21,1-9; 22,6-23). La situazione divenne troppo pericolosa anche per la sua famiglia, che dovette rifugiarsi presso il re di Moab (cfr. 1 Sam 22,1-4). In questo contesto, e considerando che ci stiamo occupando di avvenimenti accaduti mille anni prima di Cristo, potremmo aspettarci che Davide non desiderasse che vendicarsi del suo nemico. Ma non fu così. Saul, di ritorno dall'azione contro i Filistei, andò con tremila uomini alla ricerca del povero Davide che si nascondeva in una caverna a Engaddi, presso il Mar Morto.

Accadde che Saul entrò da solo nella caverna per soddisfare un bisogno naturale, mettendosi così, involontariamente, alla mercé di Davide. Gli uomini di Davide lo spingevano a vendicarsi, poiché un'opportunità così favorevole avrebbe potuto non ripetersi, tuttavia egli rifiutò. Invece, si mosse furtivamente alle spalle del re e tagliò un lembo del suo mantello, come prova della sua misericordia. Quando Saul lasciò la caverna, Davide lo seguì, lo chiamò e mostrò pubblicamente il pezzo di stoffa all'esercito radunato, come prova della sua tolleranza e del suo perdono. Saul fu profondamente commosso. Pianse ad alta voce e disse: "Tu sei stato più giusto di me, perché mi hai reso il bene mentre io ti ho reso il male. Oggi mi hai dimostrato che agisci bene con me, che il Signore mi aveva messo nelle tue mani e tu non mi hai ucciso. Quando mai uno trova il suo nemico e lo lascia andare per la sua strada in pace? Il Signore ti renda felicità per quanto hai fatto a me oggi".

Dopo di che Saul implorò Davide di giurare che non avrebbe soppresso la sua discendenza, quando fosse salito al trono. Davide lo giurò, e mantenne il giuramento (2 Sam 9,1-13).

1 Samuele 26 fornisce un ulteriore esempio del

tentativo di Davide di toccare il cuore del suo nemico con il perdono e la misericordia, dato che Saul non aveva imparato nulla e non aveva permesso a Davide di tornare a casa dopo l'ultimo incidente. Davide era ancora un fuorilegge. Saul stava di nuovo cercando Davide per ucciderlo, ma Davide lo superò in astuzia. Entrò nella tenda del re durante la notte, mentre l'esercito era accampato all'aperto. Rubò tranquillamente la lancia di Saul che stava a capo del suo giaciglio, mentre questi dormiva attorniato dalle sue guardie del corpo anch'esse addormentate! Poi, dopo essersene andato, Davide svegliò l'esercito dal sonno chiamando il re. Ancora una volta mostrò l'evidenza della sua misericordia e della sua indulgenza, poiché la lancia rivelava che Davide era stato dentro la tenda del re e ciò nonostante l'aveva lasciato indisturbato.

Questa volta il perdono portò ad una confessione di peccato da parte di Saul, ma sfortunatamente per lui e per tutti i suoi compagni, non determinò un cambiamento del suo cuore. Saul rispose: "Ho peccato, ritorna, Davide figlio mio. Non ti farò più del male, perché la mia vita oggi è stata tanto preziosa ai tuoi occhi. Ho agito da sciocco e mi sono molto, molto ingannato." E Davide fu benedetto dal suo mortale nemico, poiché gli esseri umani sono profondamente commossi dalla nobiltà del perdono, anche quando sono così malati nella mente e nello spirito come Saul a quel tempo.

Il perdono di Giuseppe

Anche il Libro della Genesi ci fornisce un commovente racconto di perdono nella storia del patriarca Giuseppe, che subì un'enorme ingiustizia dalla sua famiglia, essendo stato venduto come schiavo soltanto perché i suoi fratelli erano invidiosi di lui (cfr. Gn 37). Per aggiungere il danno alla beffa, mentre svolgeva bene il suo lavoro di maggiordomo agli ordini di Potifar in Egitto, fu messo in prigione a causa delle ingiuste accuse della lussuriosa moglie di Potifar.
C'era da attendersi che avrebbe trascorso il resto della sua vita in prigione perché non aveva nessuno che si mettesse dalla sua parte o patrocinasse la sua causa. Era uno di quei poveri che hanno soltanto Dio a cui rivolgersi e, se Dio non è giusto o benevolo, non hanno speranza. Giuseppe non aveva mai udito il salmo 33, che fu scritto secoli più tardi, tuttavia sperimentò quel che il salmista scrisse: "Questo povero grida e il Signore lo ascolta, lo libera da tutte le sue angosce" (v. 7). "Il Signore è vicino a chi ha il cuore ferito, egli salva gli spiriti affranti" (v. 19). "Molte sono le sventure del giusto, ma lo libera da tutte il Signore" (v. 19). Se Giuseppe non fosse stato in grado di imparare a fondo la lezione del perdono, non soltanto sarebbe stato destinato a marcire in prigione, ma avrebbe provato l'ulteriore tormento dell'amarezza e dell'odio, ed un desiderio di vendetta che non avrebbe fatto altro che distruggere il suo spirito.

Tuttavia ciò non avvenne, poiché ci viene continuamente detto nel corso di tutto il racconto che "il Signore fu con Giuseppe" (cfr. Gn 39,2.5.21). Sembrava che fosse predestinato ad una terribile sorte; che la vita avesse da offrirgli solo amarezze ma non fu così. Questa fu la scuola che fece di Giuseppe l'uomo di Dio che egli divenne e lo fece diventare il primo salvatore di Israele. Dio lo elevò ad un ruolo di prestigio, secondo soltanto al faraone, e conferì a questo nobile servitore, che imparò a perdonare ed a confidare in Dio in ogni circostanza, il grande compito di salvare i poveri affamati del mondo di quel tempo e fu l'unico uomo con la sapienza di Dio ad occuparsi della situazione (cfr. Gn 40; 41 spec. vv. 38-39). Giuseppe imparò la sapienza del perdono e, attraverso la preghiera, ottenne da Dio la forza per resistere e trionfare su tutte le circostanze avverse.

Fu la carestia che spinse in Egitto i fratelli di Giuseppe, in cerca di cibo. Essi, che non avevano mostrato alcuna misericordia verso il loro giovane fratello, ora lo imploravano per avere cibo per l'intera tribù (cfr. Gn 42,21). Giuseppe li riconobbe, ma essi non lo riconobbero, poiché erano convinti che fosse morto. Date le circostanze, Giuseppe era nella condizione ideale per vendicarsi. Sarebbe stato così facile farlo! Giuseppe avrebbe reso male per male? Quanto deve essere stata grande la tentazione, dato che erano in suo potere! Ma no. Egli era un uomo di Dio. Si limitò ad influire su di loro per far sì che suo fratello Beniamino ve-

nisse in Egitto così che potesse un po' alla volta fare di nuovo la conoscenza della sua famiglia. Il suo perdono nei confronti dei fratelli fu veramente eroico. Riconobbe che Dio aveva trasformato la sua sventura in gloria: "Ma ora non vi rattristate e non vi crucciate per avermi venduto quaggiù, perché Dio mi ha mandato qui prima di voi per conservarvi in vita... Dunque non siete stati voi a mandarmi qui, ma Dio... Poi baciò tutti i fratelli e pianse stringendoli a sé" (cfr. Gn 45,1-15).
Giuseppe rese ai suoi fratelli bene invece che male e fu lui che portò Israele in Egitto come ospite del grande e potente faraone, che avrebbe fatto qualunque cosa per il suo valente servitore Giuseppe (cfr. Gn 46-47). Finché i faraoni si ricordarono di Giuseppe, tutto andò bene per le tribù di Israele in Egitto. Il perdono di Giuseppe fu la chiave che aprì l'Egitto a Israele. Il perdono da parte dei suoi discendenti, avrebbe potuto cambiare la loro storia successiva, poiché il perdono è la chiave per aprire tutte le porte sul pianeta Terra. È anche una delle chiavi per il regno dei cieli, perché, come vedremo, apre la porta alla salvezza.

Esempi di perdono nel Nuovo Testamento

Uno degli esempi più toccanti di perdono nel Nuovo Testamento è quello del primo martire Stefano in Atti 7. Stefano è descritto come discepolo ideale di Gesù in Atti 6,5; 6,8-15. Era un uomo pieno di fede e pieno di Spirito Santo ed anche ripieno di grazia e potenza, che operava miracoli e grandi segni tra il popolo. Era anche un dinamico predicatore, pieno di sapienza, perché permetteva al Signore di guidarlo in tutto ciò che diceva e faceva. Non è difficile immaginare che l'invidia e la gelosia avrebbero operato nei riguardi di una tale persona, specialmente da parte di coloro che nel cercare di servire Dio, fallivano laddove Stefano riusciva.

Stefano fu arrestato di nascosto e messo sotto processo di fronte allo stesso sinedrio che, senza compassione o giustizia, aveva processato il suo Maestro; così il discepolo sapeva che poteva aspettarsi di ricevere lo stesso trattamento riservato al Maestro. Infatti, il processo di Stefano fu un'esatta replica di quello di Gesù, poiché il sinedrio presentò dei falsi testimoni per deporre contro di lui, per travisare il suo insegnamento in modo tale che si potesse dedurre che aveva bestemmiato contro il Tempio. Un conto fu il trionfo personale di Gesù su una tale ingiustizia, ma poteva una debole creatura come noi fare lo stesso?

La risposta è un sì deciso! Gesù aveva promesso che quando avesse trionfato per noi sul peccato, la morte e l'inferno, i suoi discepoli avrebbero compiuto le stesse opere che Lui compiva, poiché Egli sarebbe stato accanto al Padre ad intercedere per noi (cfr. Gv 14,12). Stefano era di fronte a questa ingiusta corte umana, ma aveva alzato gli occhi della sua anima verso la suprema corte del cielo, ed in visione scorgeva Gesù alla destra del Padre e sapeva che tutto ciò che era stato promesso si sarebbe adempiuto. Così potè sopportare quel terribile processo e la sommaria esecuzione che lo seguì. Prima di morire Stefano imitò per l'ultima volta sulla terra il suo Maestro, morendo con le stesse parole di Gesù sulle labbra: «"Signore Gesù, accogli il mio spirito". Poi piegò le ginocchia e gridò forte: "Signore, non imputar loro questo peccato". Detto questo, morì».

Il testo ci dice che Saulo (poi Paolo) approvò pienamente l'uccisione (cfr. At 8,1). Ma la cosa non finì lì, poiché quella morte gloriosa tormentò Saulo, preparando la sua anima alla drammatica conversione che avvenne più tardi, quando divenne il grande missionario del Maestro per il quale Stefano aveva dato la vita. Non vi è dubbio che il sangue del martire intervenne in favore della salvezza dell'anima del persecutore, neutralizzando in questo modo il male e creando un bene persino maggiore: Saulo infatti sarebbe divenuto l'infaticabile predicatore di Gesù e avrebbe lasciato dietro di sé la testimonianza di una grande messe raccolta per il Signore, molti scritti di insuperata sapienza e la testimonianza finale di una vita sacrificata per il Maestro. Anch'egli divenne un martire per Gesù. Stefano non era morto invano, poiché Paolo fa parte del raccolto di Stefano per Dio. Questo è un ulteriore esempio del fatto che Dio opera in modo molto diverso dal nostro, e che è difficile per noi capire a fondo le Sue vie (cfr. Is 55,8-9; Rm 11,33-36). Dimostra anche il potere di operare miracoli del perdono. Vi sono ancora altri esempi di perdono nell'opera missionaria degli apostoli, che, invece di venire ringraziati per quanto facevano a favore del popolo, venivano perseguitati ovunque andassero; eppure non nutrivano mai rancore verso alcuno per il tremendo trattamento che veniva loro riservato. Il sinedrio a Gerusalemme li perseguitò finché rimasero lì (cfr. At 4–5), nondimeno, come risultato della persecuzione, essi, semplicemente, divennero più forti. Non soltanto non dispersero la loro energia nella negatività dell'amarezza o del risentimento, ma furono felici di soffrire per il nome di Gesù, e pregavano Dio perché donasse loro maggiore audacia nel predicare e nell'insegnare e moltiplicasse i segni che provavano che Gesù era risorto e gloriosamente presente, benché invisibile in mezzo a loro (cfr. At 4,23-31). La loro reazione alla persecuzione fu così trionfante da paralizzare i loro nemici, i migliori dei quali dovettero ammettere che perseguitando questi discepoli, potevano trovarsi a combattere contro Dio (cfr. At 5,39). I missionari cristiani hanno continuato la loro vittoriosa marcia nel corso della storia e nessun nemico è riuscito a distruggerli, poiché il nemico non comprende che il perdono è una fortezza inattaccabile, difesa da Dio stesso.

Il problema della mancanza di perdono

Il problema della mancanza di perdono è fin

troppo comune, ed ha molti aspetti. Alcune persone si chiudono in se stesse, coltivando rancore o risentimento ininterrottamente per anni, rigirando ripetutamente la questione nella loro mente finché non assume enormi proporzioni. Tuttavia può darsi che non dicano mai nulla alla persona interessata, di modo che il problema rimane irrisolto. Nel frattempo il colpevole può aver dimenticato l'episodio e conseguentemente non può comprendere perché l'altra persona è così piena di risentimento ed amarezza: con lei è impossibile convivere, forse per tutto il resto della vita. Ciò è assolutamente tragico, è lo spreco di una vita umana, poiché non possiamo essere positivi e creativi nei confronti della vita mentre coltiviamo simili pensieri negativi nei nostri cuori. La negatività cancella la creatività, pertanto colui che coltiva il risentimento danneggia se stesso *più* di quanto fece in un primo momento colui che offese. Molti individui sono i peggiori nemici di se stessi, perché restano legati a eventi passati di cui non si liberano mai, ed in tal modo sciupano la possibilità di provare gioia nelle relazioni presenti, ed anche il piacere di *comportarsi* nella vita in modo appropriato. La vita deve essere molto limitata e limitante, se ogni volta che siamo feriti conserviamo quella ferita ed escludiamo chi ci ha ferito dalla lista delle nostre relazioni. Alla fine ci ritroveremo a essere prigionieri in casa nostra o, peggio ancora, prigionieri della nostra mente, o ad impazzire del tutto. Questo può essere l'inizio di una profonda depressione o di un esaurimento nervoso, entrambi spesso collegati con ferite non perdonate. Non vi è motivo di andare in un ospedale psichiatrico per una "cura magica", quando la confessione ed il perdono possono determinare la guarigione delle ferite, senza alcun costo finanziario. La guarigione dei ricordi attraverso la preghiera è molto efficace e può non soltanto portare completo sollievo, ma anche cancellarne del tutto il ricordo, lasciando la persona completamente libera. Il perdono è una delle chiavi per vivere con successo, mentre la mancanza di perdono è un mettere il cappio al collo per soffocare ogni possibilità di sperimentare *vero* amore. Il perdono è un'espressione d'amore che rende possibile continuare una relazione dopo che è sorto un problema o è stata recata un'offesa. Se quel perdono è negato, allora il colpevole è tenuto legato e la relazione di conseguenza bloccata. La decisione spetta all'offeso che può bloccare da ora in poi la vera vita, semplicemente rifiutando questo meraviglioso segno d'amore a colui che si *dice* di amare. *Non vi è amore* se manca il perdono, perché significa che il così detto amore è condizionato ad un certo comportamento. Dobbiamo considerare la nostra responsabilità, perché Gesù disse: "A chi rimetterete i peccati saranno rimessi e a chi non li rimetterete, resteranno non rimessi" (Gv 20,23). Esaminiamo la conseguenza di questo rifiuto di perdonare. Gesù disse che se qui sulla terra non rimettiamo i peccati ad una persona, questi peccati non le saranno rimessi in cielo. In altre parole li tratteniamo per il giudizio. Che cosa terribile! Non ci piacerebbe che qualcuno ci facesse questo! Non speriamo tutti che i torti che abbiamo fatto agli altri siano dimenticati? Non ci sentiamo feriti quando qualcuno ci fa sapere che *ricorda* le nostre colpe? Non proviamo un senso di amarezza, quando ci rendiamo conto che qualcuno rifiuta di perdonarci? Tutto ciò ci rende positivi o negativi verso quelle persone? Intensifica o blocca la relazione? Se conosciamo il dolore del non essere perdonati, sicuramente comprenderemo il comando di Gesù di perdonare! La mancanza di perdono blocca la vita, blocca le relazioni, e, come vedremo in seguito, blocca completamente la preghiera e la possibilità di guarigione da parte del Signore. Può essere chiamata "colesterolo spirituale" che blocca i canali della vita e causa attacchi di cuore spirituali e la possibilità di morte spirituale. Ed è tutto così inutile quando Dio ci dona la grazia di perdonare. Ciò che noi non possiamo fare da noi stessi, Egli lo rende possibile.

Il perdono non deve essere concesso soltanto dagli individui, ma anche dai gruppi che si trovano in lotta, come in ogni luogo in cui vi è il problema dell'*apartheid*. Ugualmente deve essere concesso dai vari gruppi che si definiscono cristiani, ma che si contrappongono e condannano reciprocamente per motivi dottrinali. Il perdono e la riconciliazione determinerebbero il miracolo della guarigione del Corpo di Cristo nel mondo, un fatto che provocherebbe grande rinnovamento e risanamento alla Chiesa. Anche le nazioni devono perdonare, se non vogliamo continuare a distruggerci in guerre mondiali. Il perdono determinerebbe la cooperazione internazionale a tutti i livelli, invece delle fazioni a livello nazionale ed internazionale che distruggono il commercio così come le buone relazioni.

Voi direte che tutto questo è troppo idealistico. Ascoltate il lamento del salmo 2, che si realizza quando la vendetta e l'egoismo governano il mondo:

> *«Perché le genti congiurano,*
> *perché invano cospirano i popoli?*
> *Insorgono i re della terra*
> *e i principi congiurano insieme*
> *contro il Signore e contro il suo Messia:*
> *"Spezziamo le loro catene,*
> *gettiamo via i loro legami"».*

Il resto del salmo mostra che nazioni guerriere e ribelli forzano la mano di Dio ad intervenire in giudizio per restaurare l'ordine e la legge di Dio, che è la sola che porta la pace. Pertanto abbiamo nelle nostre mani il potere di avere un mondo in pace o in guerra. È esattamente ciò che Mosè disse al popolo di Israele nel deserto: "Vedi, io pongo oggi davanti a te la vita e il bene, la morte e il male... scegli dunque la vita" (Dt 30,15-19).

La maledizione della vendetta

Mentre alcuni individui mostrano risentimento

verso quanti hanno recato loro offesa e mantengono un atteggiamento negativo, ma apparentemente inerte, altri ricorrono alla vendetta. Hanno deciso di vendicarsi e così diventano giudici, giuria e magistrati che decidono di trattare con il colpevole secondo le proprie leggi. Ciò porta a conseguenze tragiche poiché non vi sarà giustizia, e, di certo, non vi sarà misericordia, poiché molto spesso la vendetta è del tutto sproporzionata all'offesa ricevuta. La rappresaglia o vendetta è proibita dal Signore. Levitico 19,18: "Non ti vendicherai e non serberai rancore contro i figli del tuo popolo, ma amerai il tuo prossimo come te stesso. Io sono il Signore". Proverbi 20,22: «Non dire: "Voglio ricambiare il male", confida nel Signore ed egli ti libererà». Romani 12,17: "Non rendete a nessuno male per male. *Cercate di compiere il bene davanti a tutti gli uomini*". 1 Pietro 3,9: "Non rendete male per male, né ingiuria per ingiuria, ma, al contrario, rispondete benedicendo; poiché a questo siete stati chiamati per avere in eredità la benedizione". Le Sacre Scritture ci forniscono esempi di vendetta, perché tutta la Scrittura ci viene data per il nostro ammaestramento, e dobbiamo imparare ciò che non si deve fare, esaminando gli esempi che ci vengono proposti (cfr. 2 Tm 3,14-16). In 1 Re 19, abbiamo il caso dell'infame Gezabele che decise di uccidere il profeta Elia perché sul monte Carmelo si era occupato dei falsi profeti che avevano portato l'apostasia e l'immoralità nella nazione. Giurò che nel giro di ventiquattro ore

Elia sarebbe stato ucciso dal suo intervento. Ma egli non morì perché il Signore lo protesse. Nel Vangelo l'infame Erodiade si vendicò con violenza di Giovanni Battista, facendolo decapitare ad una festa di compleanno. E questo perché il servitore del Signore le aveva chiesto di pentirsi perché si salvasse (cfr. Mt 14,3-12). Gli abitanti di Nazaret si vendicarono di Gesù cercando di ucciderlo perché sosteneva di essere il Messia e tuttavia non poteva compiere miracoli in mezzo a loro, a causa della loro incredulità (cfr. Lc 4,29). Più tardi gli Ebrei della diaspora giurarono di uccidere Paolo perché sostenevano che la sua opera missionaria li danneggiava (cfr. At 23,12).

Proprio come gli esempi di perdono citati in precedenza ci hanno lasciato un senso di benessere e la sensazione di venire nobilitati, similmente questi esempi a cui si è fatto brevemente cenno, ci lasciano un senso di malessere. Il profumo della santità emana dal gruppo del perdono ed il fetore della malvagità proviene da questi, rivelandoci così che il perdono è un frutto dello Spirito e la vendetta ha la sua sorgente nell'inferno e procura l'inferno agli altri. Non vi può essere giustizia dove regna la vendetta. Si può soltanto avere compassione delle sue vittime, poiché da essa non può venire alcun bene, a meno che la vittima possa vincere il male con il suo eroico perdono come nel sopracitato caso di Stefano.

Parte seconda

Gesù ci insegna a perdonare

Gesù ci insegna a perdonare

L'amorevole misericordia di Gesù

Gli esempi di perdono e di misericordia di Gesù abbondano nel Vangelo. I brani che si riferiscono ad essi sono quelli su cui ci soffermiamo più volentieri, perché ci rivelano in modo mirabile il cuore di Dio, ci rendono fiduciosi della Sua presenza e più capaci di abbandonarci a Lui con le nostre preoccupazioni.
Prendiamo l'esempio della donna sorpresa in flagrante adulterio in Giovanni 8,1-11. Questo è un brano meraviglioso che ha un equivalente nell'Antico Testamento nel racconto dell'innocente Susanna in Daniele 13. Il caso di Susanna fu quello di una vittima innocente condotta a morte a causa della vendetta di due perfidi anziani. Grazie alla sua innocenza potè appellarsi all'aiuto della giustizia di Dio. Il Signore ascoltò la sua voce e suscitò lo spirito di profezia nel giovane Daniele, che espose la verità. Così l'innocente donna fu liberata e la punizione che le doveva essere inflitta

fu, in realtà, imposta ai suoi due nemici. Susanna fu vendicata.

Il racconto di Susanna però ci lascia da un lato felici per la giustizia di Dio e dall'altro imbarazzati, perché quanti di noi potrebbero *permettersi il lusso* di pregare per ottenere giustizia? Certamente un peccatore non potrebbe! La giustizia è l'ultima cosa di cui ha bisogno un peccatore, dato che il Salmo 48,8-9 afferma: "Nessuno può riscattare se stesso, o dare a Dio il suo prezzo. Per quanto si paghi il riscatto di una vita, non potrà mai bastare". Pertanto se avessimo come punto di riferimento soltanto il racconto di Susanna, sarebbe una magra consolazione per i peccatori.

È precisamente qui che si inserisce l'altro racconto, dato che in esso siamo alle prese con una donna che commise il peccato di cui fu accusata Susanna. Dio trovò anche per la colpevole una via per rivolgersi a Lui? La risposta è "sì!" poiché Egli rivelò a Mosè all'inizio del viaggio spirituale del popolo eletto che Egli era "il Signore, Dio misericordioso e pietoso, lento all'ira e ricco di grazia e di fedeltà, che conserva il suo favore per mille generazioni, che perdona la colpa, la trasgressione e il peccato, ma non lascia senza punizione..." (cfr. Es 34,6-7).

La via al cielo, per i peccatori, passa attraverso la porta dell'infinita misericordia di Dio che è amore immeritato. È questo amore gratuito che troviamo nel racconto dell'adultera che è così bello da meditare. Un gruppo di uomini portò questa donna da Gesù, sostenendo di averla sorpresa in flagrante adulterio, il che naturalmente stava a significare che essi erano nascosti nella sua stanza da letto! Avevano preparato una trappola alla povera donna che a quel punto era destinata ad essere la vittima del loro infondato zelo per la lettera della Legge, dato che volevano lapidarla. Chiesero a Gesù di giudicare. Egli doveva essere il Nuovo Daniele ed esporre la verità. Così facendo stavano, senza dubbio, preparando una trappola anche per Gesù, poiché Roma aveva tolto al sinedrio il diritto di giustiziare. Conoscevano già la misericordia di Gesù per i peccatori e cercavano una scusa per consegnarlo o al sinedrio, se avesse parlato contro la Legge, o alle autorità romane, se avesse iniziato l'esecuzione. La povera donna era soltanto una pedina in questo gioco crudele organizzato anche per intrappolare Gesù. Lo spirito di vendetta di questi uomini era orribile, poiché né la vita della donna né quella di Gesù avevano per loro alcun valore. A loro non importava se entrambi sono privati della vita.

Il Nuovo Daniele entrò in azione come il Dito di Dio che scrive sulla polvere della terra (un simbolo dell'uomo il cui nome è "polvere", Adamah-Adamo) giudicando la loro iniquità. Così, con delicatezza Gesù fece capire che considerava *loro* colpevoli, poiché avevano cospirato per intrappolare la donna ed ora cospiravano per uccidere lei e Gesù. Gesù sosteneva che se la Legge di Mosè doveva essere osservata, lo si doveva fare *in modo ap-*

propriato, il che voleva dire che il giudice doveva essere *senza* peccato! E Gesù aveva appena smascherato il loro peccato, così che se desideravano evitare il suo giudizio dovevano andarsene, e fu ciò che fecero. Fu misericordioso con loro! Non condannò questi uomini, ma diede loro un'opportunità di pentirsi e così facendo, salvò anche la loro vittima.

Gesù era la sola persona presente senza peccato, ma invece di lapidare la donna Egli la perdonò. Questo non significa che le condonò il peccato, ma che le diede l'opportunità di iniziare a vivere una nuova e decorosa esistenza degna di lei e della sua condizione di figlia di Dio. «Allora Gesù, alzatosi, le disse: "Donna, dove sono? Nessuno ti ha condannata?". Ed essa rispose: "Nessuno, Signore". E Gesù le disse: "Neanch'io ti condanno; va' e d'ora in poi non peccare più"» (Gv 8,10-11). Qui, la delicatezza di Gesù è incantevole. La donna non ha niente da temere dalla Sua presenza. La sua persona e la sua vita sono entrambe salve e le viene anche offerta la vita eterna. Egli le chiede solo di vivere, e di amare, in modo degno.

Il comando di perdonare

Non a tutti viene richiesto di perdonare in modo eroico, ma a tutti è comandato di perdonare. Gesù dice in Matteo 6,14-15: "Se voi infatti perdonerete agli uomini le loro colpe, il Padre vostro celeste perdonerà anche a voi; ma se voi non perdonerete agli uomini, neppure il Padre vostro perdonerà le vostre colpe". Ed in Luca 17,3-4 dice: "Se un tuo fratello pecca, rimproveralo; ma se si pente, perdonagli. E se pecca sette volte al giorno contro di te e sette volte ti dice: Mi pento, tu gli perdonerai".

Notiamo che Gesù ci presenta in questo caso una spada a doppio taglio cercando di ottenere il perdono di Dio per noi in base al nostro perdono per gli altri! Dio conosce molto bene le sue creature e perciò sa quanto siamo pronti e ingiusti nel volere il perdono per noi senza essere ugualmente entusiasti nel concedere il dono della vita agli altri; pertanto lega entrambi insieme e li condiziona l'uno all'altro.

Vi è qualcosa di cui un peccatore ha bisogno che sia più importante del perdono di Dio? Senza perdono non vi è salvezza! Siamo destinati all'inferno, che è l'eterna perdita della presenza e dell'amore di Dio. Ciò significa la totale, completa frustrazione del nostro essere, non importa che forma "materiale" assuma!

Ascoltate una parafrasi del salmo 129: "Signore, a te grido dal profondo della mia iniquità e della mia incredulità; dal profondo abisso della natura umana decaduta che brama il piacere, il denaro e il potere, le tre grandi idolatrie. Signore, devi sentirmi! Oh! ascolta con compassione uno che può dare un nome al problema, ma non può far nulla per risolverlo senza il tuo perdono. Signore, sono inorridito quando mi guardo. Sono orribile ai miei occhi. Come devo apparire davanti al tuo sguardo che è così santo? Per favore non considerare le mie colpe, Signore, altrimenti non potrò sostenere la tua presenza. Abbi pietà di me, poiché tu *sei* Misericordia ed io credo nella tua Parola. La mia anima, ferita e depressa, confida e conta su di te e sulle tue promesse. Dall'alba al tramonto, vale a dire dalla mia giovinezza alla mia vecchiaia, spererò in te".

Chiunque si è trovato ad aver bisogno del perdono di Dio, reputerebbe insopportabile il peso della volontà di Dio di non perdonare, poiché il peso della nostra colpa ci renderebbe schiavi per l'eternità. Odieremmo Dio se non ci fosse *niente* che potesse renderci giusti ai suoi occhi. Ciò farebbe emergere le nostre caratteristiche peggiori e noi diventeremmo esseri perfidi, vendicativi e dediti al male. Inoltre accuseremmo Dio di essere *ingiusto* poiché Egli in realtà era il solo che poteva farci uscire dai guai in cui ci eravamo cacciati. È assolutamente indispensabile per la continuità della stirpe umana che Dio voglia essere misericordioso e perdonare. Poiché se Egli non volesse perdonare, come possiamo aspettarci che chiunque altro voglia farlo? E la vita sulla terra senza perdono sarebbe un vero inferno e certamente non varrebbe la pena viverla.

Pertanto è indispensabile che Dio perdoni. Il salmo 102 celebra l'amore di Dio che perdona e lo paragona alla tenerezza di un padre che comprende le debolezze dei suoi piccoli.

"Benedici il Signore, anima mia,
non dimenticare tanti suoi benefici.
Egli perdona tutte le tue colpe,
guarisce tutte le tue malattie;
salva dalla fossa la tua vita,
ti corona di grazia e di misericordia;
egli sazia di beni i tuoi giorni
e tu rinnovi come aquila la tua giovinezza.
Buono e pietoso è il Signore,
lento all'ira e grande nell'amore.
Egli non continua a contestare
e non conserva per sempre il suo sdegno.
Non ci tratta secondo i nostri peccati,
non ci ripaga secondo le nostre colpe.
Come il cielo è alto sulla terra,
così è grande la sua misericordia su quanti lo temono;
come dista l'oriente dall'occidente,
così allontana da noi le nostre colpe.
Come un padre ha pietà dei suoi figli,
così il Signore ha pietà di quanti lo temono.
Perché egli sa di che siamo plasmati,
ricorda che noi siamo polvere..."

Anche quando abbiamo peccato in modo grave – diversamente dai comuni peccati di ogni giorno – ci aspettiamo che Dio comprenda e perdoni. Ci aspettiamo comunque che dimentichi. Un esempio di questo si ebbe quando il re Davide peccò molto sebbene Dio lo avesse grandemente benedetto in tanti modi. Come risultato della sua passione, portò una donna all'adulterio e cercò di mascherare il suo peccato facendo "legittimamente" assassinare in guerra il marito di lei. A causa di ciò gli amici più intimi di Davide persero la loro reputazione, la loro vita, la loro proprietà – che sarebbe ritornata alla corona. Persero il diritto alla propria vita, la loro intimità e le loro spose, semplicemente a causa dell'incontrollato desiderio di un uomo! Quando il peccato, delicatamente mascherato in una parabola, fu esposto a Davide, egli disse che l'uomo che aveva commesso tali odiose azioni doveva morire. Fu il profeta Natan che ebbe lo spiacevole compito di informarlo che quel vile, abietto peccatore era *lui*! Ciò che possiamo vedere assai chiaramente nel caso di qualcun altro, è molto più difficile che lo vediamo nel nostro (cfr. 2 Sam 11; 12).

Tuttavia non appena Davide riconobbe il suo peccato, si *aspettò* che Dio lo comprendesse e lo perdonasse. La sua preghiera si trova nel salmo 50, dove chiede a Dio benevola misericordia, qualcosa che non era disposto a concedere al suo prossimo. Addusse a pretesto la debolezza ed il peccato originale, come fattori attenuanti, e disse di essere stato concepito nel peccato e pertanto Dio doveva comprendere una tale debolezza. Tuttavia non mostrò alcuna misericordia o comprensione verso i suoi amici offesi, che erano assai deboli di fronte ad un grande sovrano come Davide. Non avevano alcuna corte d'appello quando il più potente nel paese era loro nemico.

Non è strano che ci aspettiamo da Dio ciò che rifiutiamo al nostro prossimo? È giusto qu Natan mediò il perdono di Dio, l'immeritata asso luzione e l'amorevole benevolenza concessa da Dio a Davide (cfr. 2 Sam 12,13). Fu questo illimitato, immeritato amore di Dio che fece crollare Davide, poiché egli sapeva che qualunque persona che si fosse presentata davanti a lui, stando così le cose, sarebbe stata sommariamente giustiziata senza misericordia. Ma Dio è diverso. Preferisce un peccatore pentito *vivo*, ad uno non pentito morto, perché questi avrebbe perso la salvezza, dato che Dio "vuole che tutti gli uomini siano salvati e arrivino alla conoscenza della verità" (1 Tm 2,4). Fu questa divina sapienza che indusse Davide a pentirsi giustamente, come si legge nel salmo 50. Egli poi comprese che aveva bisogno di essere profondamente purificato da Dio per non ripetere il gesto malvagio.

Il vero pentimento nella nostra vita ci dona la sapienza necessaria per perdonare veramente gli altri. Ascoltiamo l'esortazione di Paolo in Colossesi: "Rivestitevi di sentimenti di misericordia, sopportandovi a vicenda e perdonandovi scambievolmente, se qualcuno abbia di che lamentarsi nei riguardi degli altri. Come il Signore vi ha perdonato così fate anche voi". Paolo fu uno di quei peccatori a cui era stato molto perdonato, perciò insegnò la giustizia di concedere quel perdono agli altri. Fornì anche la vera motivazione per il perdono, specialmente per quelle occasioni in cui ci costa troppo. Dobbiamo ricordarci che Dio ci ha perdonato, quando meno lo meritavamo. Per prevenire che una grossa crisi tra le persone fermenti fino a raggiungere la forza di una tempesta, Paolo consiglia in Efesini 4,32: "Siate invece benevoli gli uni verso gli altri, misericordiosi, perdonandovi a vicenda come Dio ha perdonato a voi in Cristo". Quindi Paolo, come Gesù, si aspetta che manteniamo aggiornata la nostra grazia. Poiché se affronteremo oggi i problemi dell'oggi, eviteremo quelle profonde rotture che pochi sono in grado di affrontare.

Quando vi è una grossa lite molto spesso si produce più calore che luce e pertanto l'energia generata non serve per costruire relazioni. Oltre a ciò produce accuse sproporzionate alla realtà, che aumentano soltanto il grado dell'offesa e la difficoltà a raggiungere a una soluzione.

Perdono irragionevole?

Quando viene proposto il perdono, noi tutti presentiamo situazioni in cui sosteniamo che perdonare quella persona in quelle circostanze aggraverebbe soltanto il problema e quindi il nostro perdono potrebbe, in realtà, accrescerlo invece di risolverlo. Dedichiamoci a questo aspetto del perdono che ci sembra irragionevole. Luca lo espresse bene quando affermò che se qualcuno pecca sette volte al giorno contro di te e sette volte ti dice: "Mi pento", tu gli dovrai perdonare. Vi è qualcuno che ritiene che questo sia un comporta-

mento ragionevole? Vi è qualcuno pronto a sperimentare questo principio? Non ce ne andiamo dicendo che non possiamo essere fanatici... e neanche stupidi! Certamente Gesù non ci chiede di permettere alle persone di maltrattarci e di abusare di noi. Certamente no!
Il caso di cui Luca tratta coinvolge una persona *che sta realmente cercando* di superare qualche ostacolo, ma continua a fallire... e continua a pentirsi! Può essere anche una questione privata che coinvolge soltanto due persone: quindi sono in gioco imperfezioni consuete. In quella situazione Luca dice: "Siate come Dio", poiché quello è il modo in cui Dio si comporta verso tutte le sue creature. Luca 6,36 rientra in questa situazione: "Siate misericordiosi, come è misericordioso il Padre vostro". Luca sostiene che dovremmo fare per questo peccatore pentito ciò che i genitori fanno per i figli che continuano a commettere errori nell'apprendere: i genitori amorevoli li correggono pazientemente, li aiutano, li sostengono e li amano fintanto che diventano indipendenti ed esperti nell'affrontare qualunque problema. Questo povero peccatore può darsi stia cercando di vincere il suo cattivo carattere, che sembra peggiorare invece di migliorare. Può darsi che stia cercando di controllare la sua lingua e di scusarsi ogni volta che non vi ricsce. Aiutiamolo invece di criticarlo! Anche sorridere, invece di considerare tutta la faccenda con troppa serietà, servirebbe ad allentare la tensione in quella data situazione e potreb-

be perfino risolvere il problema. Non state forse affermando che questo non rappresenta *tutti* i casi? E cosa fare nei confronti di coloro che sembrano essere incorreggibili e hanno bisogno che venga loro impartita una lezione? Non sto per l'appunto esponendomi all'uso e all'abuso di qualcuno che non ha alcuna intenzione di cambiare? E che fare nel caso in cui mi scontro con un "muro"? Bisogna dedicarsi a certi inevitabili problemi familiari, se non si vuole che giovani esistenze vengano rovinate e sposi tormentati si espongano ad una morte prematura causata da stress e da tensione subite per lunghi periodi. Questo è il caso di famiglie in cui i drammi dell'alcol, della droga e del gioco d'azzardo sconvolgono i normali rapporti. Il perdono riguarda tutto questo? Sì! Allora perdonare significa che tu non affronti il vero problema e non te ne occupi? No! Il perdono non è un modo di fuggire dalla realtà, ma un caso in cui si affronta la realtà con l'aiuto della grazia divina, così che si trovi la soluzione migliore per tutte le persone interessate. Il perdono fa sì che quella soluzione sia offerta senza negatività o spirito di vendetta di alcun tipo. In altri termini, è un'importante manifestazione d'amore, vero amore, che preferisce subire per il bene dell'altro. Amare un'altra persona nel momento del bisogno implica spesso sofferenza per tutte le parti interessate fino al momento in cui si trova il rimedio e allora la vera pace entra nella situazione, che si sistema.

Ciò che ci motiva ad agire per trovare una soluzione ad un problema è spesso il dolore che proviamo riguardo quel problema, o i cattivi effetti prodotti dal manifestarsi del problema. Ma il perdono non esiste *nei sentimenti*, esiste nella *volontà* della persona toccata dalla grazia di Dio. Le sensibilità possono essere molto offese, i sentimenti possono venire grandemente feriti, ma la volontà concorda nel cooperare con il modo di Dio di fare le cose, così che non viene attuata alcuna vendetta personale. Non ci si prende alcuna rivincita e non si ferisce ripagando con la stessa moneta. Comportarsi così è diventare parte del problema ed un tale comportamento può solo peggiorare le cose fintanto che la vita diventa un inferno per tutte le persone interessate.

Perdonare significa *scegliere* di sostenere quella persona *senza giudicarla*, nell'amore e nella preghiera, *ed assisterla* in ogni modo possibile per raggiungere una soluzione. A volte questo comporta l'azione; a volte il silenzio, secondo le circostanze. Non appena la volontà, aiutata dalla grazia, è d'accordo a perdonare, la persona esce dall'arena del male e può aiutare nella soluzione. A livello psicologico, questo libera il colpevole dal fardello della tensione e della colpa e gli dà la possibilità di affrontare i fatti con mente più serena. È difficile far fronte a qualunque cosa sotto un cumulo di accuse e di sospetti.

La rimozione del giudizio, dell'accusa, del sospetto e della vendetta, cambia l'atmosfera nella casa in modo significativo e dà modo al Signore di entrare ed agire come Salvatore. Rende più facile per il colpevole *ascoltare* ciò che deve essere detto e lo rende alquanto libero di rispondere. Rimuove anche una delle sue scuse, che è *il tuo comportamento* nei suoi confronti! E così isola ulteriormente il problema. Semplifica le questioni che devono essere trattate; inizia il processo di chiarimento. Significa anche che la *tua preghiera* a favore di quella persona ora può essere ascoltata, perché la mancanza di perdono blocca completamente la preghiera, rendendola inutile. Dio è amore, e soltanto la preghiera fatta nell'amore produce un effetto sull'amore. L'amore è l'ambiente per la guarigione ed il requisito indispensabile per i miracoli. Avete bisogno di un miracolo nella vostra situazione? Allora perdonate e affrontate la realtà *nell'amore*. Pregate con amore e l'Amore Divino vi ascolterà.

Sforzarsi di perdonare

La vita ci offre innumerevoli possibilità per diventare esperti nel perdono. Spesso le persone ci feriscono senza neppure rendersene conto. Altre sono così chiuse in se stesse che il loro comportamento influisce profondamente su di te in modo negativo.

Ancora una volta, vi sono quelle povere anime disperate e meschine con le quali i rapporti diventano quasi impossibili e questo senza tener conto di modelli di comportamento riconosciuti anormali.

Il matrimonio può essere distrutto quando le persone ritengono che la loro vita adulta dovrebbe essere governata dallo stesso comportamento reattivo tenuto nei confronti dei genitori nel lontano passato, così che gli attuali sposi diventano consapevoli di non essere neppure persone, ma mere rappresentazioni di problemi dell'infanzia. In questo modo moglie può tradursi in "madre", o marito in "padre", od anche in "figura che ha autorità", e non è concesso agli individui di essere in alcun modo se stessi. E naturalmente non è possibile esprimere le miriadi di permutazioni e combinazioni di ogni tipo di problemi irrisolti che complicano i rapporti personali e fanno del matrimonio un'impresa molto ardua per chiunque voglia essere se stesso invece di essere spinto verso un modello di comportamento che gli è estraneo. È veramente molto impellente per noi agire insieme in questa area essenziale dei rapporti personali poiché la nostra felicità ed il benessere dei nostri figli dipendono da essa, per non parlare della sopravvivenza dello stesso matrimonio.

Il perdono non è magia e non produce effetti magici. È un modo costoso di occuparsi della vita, che contribuisce al bene finale di ogni persona coinvolta nella situazione. Può essere messo in opera soltanto da qualcuno che ama e che è pronto a sopportare il costo di amare in una situazione difficile. Perciò, non aspettatevi che un piccolo atto di perdono trasformi il vostro consorte o il vostro adolescente che si comporta in modo sconveniente! Alcune persone possono sollevare una certa resistenza, diventando peggiori prima di iniziare a cambiare in meglio. Questo accade perché il perdono è parte della guerra spirituale ed il grande nemico delle anime, Satana, non *vuole* che questa situazione sia risolta, perché il suo mestiere è di *creare l'inferno* sia ora, durante la nostra vita, che nell'aldilà. Un grande numero di famiglie che non credono in un inferno nell'aldilà, lo stanno sperimentando ora. Che inganno! Che disastro! Sia il paradiso che l'inferno possono essere, e sono, sperimentati ora, ovunque nella società. I segni del paradiso sono amore, gioia e pace, affermazione, cooperazione, fiducia e sacrificio di sé nel servizio. Mentre i segni dell'inferno sono la mancanza d'amore, la presenza di conflitti, la condanna, il giudizio, la vendetta, il sospetto, l'assenza di fiducia e tutta la negatività che rende la vita impossibile. Non appena si entra in una casa si può percepire l'atmosfera e sapere se siamo entrati nei portali del paradiso o dell'inferno. È così facile da constatare, così impossibile da nascondere, poiché la stessa aria protesta vigorosamente contro di noi, quando pecchiamo. Come Gesù ci insegnò, questi segni rappresentano in modo chiaro due diversi regni, con diverse strutture di riferimento, diversi frutti e diversi destini nell'oltretomba. Ricordiamoci di nuovo delle parole di Mosè in Deuteronomio 30,15-20: "Vedi, io pongo

oggi davanti a te la vita e il bene, la morte e il male; poiché io oggi ti comando di amare il Signore tuo Dio, di camminare per le sue vie, di osservare i suoi comandi, le sue leggi e le sue norme, perché tu viva e ti moltiplichi e il Signore tuo Dio ti benedica nel paese che tu stai per entrare a prendere in possesso. Ma se il tuo cuore si volge indietro... certo perirete... scegli dunque la vita, perché viva tu e la tua discendenza, amando il Signore tuo Dio, obbedendo alla sua voce e tenendoti unito a lui, poiché è lui la tua vita e la tua longevità...".
La scelta di sperimentare il paradiso o l'inferno è lasciata interamente a noi e dobbiamo pagarne il prezzo e vivere le conseguenze di quella scelta. Non vi è grazia a poco prezzo e la vita ci offre opportunità per mostrare di che tempra siamo fatti. La vita ci sfida ad essere vincitori, non persone deboli spaventate da ogni sentore di difficoltà. Vi è un prezzo da pagare per la felicità e la pace e Gesù ci mostrò la via, poiché Egli conquistò la nostra salvezza pagando il prezzo dello spargimento del suo prezioso sangue, della terribile tortura e della morte.
Consideriamolo ora come nostro modello e vediamo la scelta che fece; che cosa gli offrì la vita in cambio del suo amore; come reagì all'ingiuria, al rifiuto, all'odio, al sospetto, alle accuse, comprese le false accuse. Ma prima esaminiamo il suo insegnamento sul perdono.

Parte terza

Il perdono trasforma la vita

Il perdono trasforma la vita

La lotta di Pietro con il perdono

L'insegnamento di Gesù è chiaro e inequivocabile. Se vuoi rimanere nel giusto rapporto con Dio, devi perdonare sempre e in tutte le circostanze. Pietro fu chiamato ad assumere il ruolo del pastore al posto di Gesù, dopo la crocifissione, quindi era indispensabile che comprendesse il pensiero del suo Maestro. Pertanto lo interrogò: «"Signore, quante volte dovrò perdonare al mio fratello, se pecca contro di me? Fino a sette volte?" E Gesù gli rispose: "Non ti dico fino a sette, ma fino a settanta volte sette"» (Mt 18,21-22). Sono sicura che a Pietro dispiacque averlo chiesto, poiché ora non poteva più addurre a pretesto l'ignoranza!
Pietro viveva in un villaggio di pescatori chiamato Betsaida, sulle rive del lago di Galilea (Tiberiade), dove lavorava come pescatore. Lì le povere persone vivevano quasi letteralmente l'una sull'altra in difficili condizioni politiche, sociali e religiose. Dovevano pagare tasse esorbitanti e non vi era

nessuno che difendesse la loro causa in qualunque tribunale. Il loro paese era governato da Roma, le cui forze d'occupazione erano odiate da tutti. Ovunque vi era terribile ingiustizia, nel commercio, nella vita sociale, politica e religiosa. E Pietro sente che deve tornare da loro con questo incredibile insegnamento sul perdono! Poteva aspettarsi di venir linciato da persone oberate dai pesi della vita, visto che l'abbandonarsi all'odio dava per lo meno respiro alle loro grandi frustrazioni.

E poi egli era un uomo di mondo e sapeva come agivano gli esseri umani. Sapeva, come sappiamo tutti noi, che intere famiglie spesso si dividono soltanto a causa di *una* offesa, figuriamoci sette. Quante famiglie si dividono a causa di un desiderio? Quante famiglie mandano avanti contese per generazioni così che gli attuali eredi non sanno neanche *perché* stanno combattendo? È semplicemente per tradizione! Tale fu il caso tra gli Ebrei ed i Samaritani che si odiavano reciprocamente. Ciò non significava che qualche *particolare* Samaritano avesse fatto del male a *te*, ma tu continuavi comunque la tradizione dell'odio. Tale è oggi il caso tra protestanti e cattolici nell'Irlanda del Nord ed in Scozia, dove la lealtà alla propria "parte" lo richiede. Cosa dire poi degli odi politici che possono continuare per millenni, come l'*apartheid* e l'antisemitismo? Veramente quando si considera il modo in cui gli esseri umani si comportano, l'insegnamento di Gesù sul perdono

sembra a dir poco ingenuo. E chi lo segue? A parte pochi santi a cui sorridiamo benevolmente perché sono "diversi".
Il problema di Pietro era *reale*. Ed è il nostro problema oggi se desideriamo partecipare alla soluzione dei problemi del mondo, e quella soluzione è la pace in terra. Consideriamo questo problema a livello personale, ancor prima di pensare che lo si possa risolvere per servire l'umanità nel suo insieme. Quando qualcuno ti ferisce, la ferita penetra profondamente nelle emozioni e può essere difficile da sradicare. In ubbidienza al Signore, tu perdoni e cerchi di occuparti della guarigione emotiva e delle questioni in gioco. Poi succede di nuovo, e questa volta il dolore va a gravare su una recente ferita emotiva, il che significa che fa *più* male dell'ultima volta, e uno si sente tradito e bistrattato. Adesso è più difficile perdonare. Ci vuole più coraggio, più grazia, più energia e più perseveranza. Ma quando capita una terza volta... una quarta... una quinta... una sesta! Potete capire il problema di Pietro? Egli si rende conto che a quel punto si è emotivamente turbati, ed il matrimonio, o qualunque possa essere la relazione in cui si è coinvolti, saranno nel caos. Può darsi che anche ci si ritrovi a brandelli! Si potrebbe resitere così a lungo? Qui Gesù ci richiede amore eroico. Qualcosa che soltanto Dio ci può dare (la capacità di donare), e in cui perseverare, qualcosa per la cui realizzazione avremo, molto probabilmente, bisogno d'aiuto. Il problema di Pietro è che vuole

mettere un limite all'insegnamento di Gesù sul perdono. Se qualcuno giunge fino a quel limite va bene, ma oltre nessun perdono, semplicemente consegnatelo alla legge. Oh, quante volte anche noi abbiamo provato questo tipo di sentimento! La natura umana è poco elastica. Protesta vigorosamente. La logica del modo di perdonare di Gesù ci può spiazzare completamente. La nostra natura si ribella: "Ma non è giusto! Perché dovrebbe essere sempre lui a farla franca? Sono io quello che ha subito l'offesa. Senza dubbio sta a lui fare qualcosa! Perché devo sempre essere io? Ha lo stesso obbligo di perdonare e pentirsi che ho io. Non è giusto!". In un mondo in cui vige la regola "dell'occhio per occhio e dente per dente" certamente *non è giusto*!

Sapienza divina

La risposta di Gesù al problema venne data in una drammatica parabola. È il racconto del servo spietato in Matteo 18,23-35. Nella sua sapienza Gesù si rese conto che alcune cose vengono comprese meglio quando le *sentiamo* col cuore, piuttosto che udirle come arida dottrina. Questa è una delle ragioni per cui insegnò in parabole, perché potessimo entrare nel racconto, sperimentarne le problematiche e quindi comprenderle meglio. Questo racconto si riferisce ad un re che volle fare i conti con i suoi sudditi che gli erano debitori. Pertanto dobbiamo immaginare un immenso sa-

lone con il re seduto sul trono nel fasto regale, attorniato dai ministri di stato, mentre i poveri servi sono chiamati in giudizio di fronte a lui a causa di debiti non pagati. Era una spaventosa esperienza per un comune servitore che si rendeva conto che non vi era corte d'appello. Qualunque fosse stata la sentenza stabilita dal re, era la sua sorte e sarebbe stata eseguita immediatamente. (Questa è anche la rappresentazione del giudizio alla fine del mondo). Dal resoconto dell'intera mattinata vengono citati soltanto due casi.
Uno è quello di un uomo che doveva al re l'equivalente di circa sette miliardi e mezzo di lire, e pertanto era quasi impossibile per lui restituire una tale somma. L'altro è il caso di un uomo che doveva al primo uomo (non al re) tre mesi di paga, che *poteva* restituire. Il dramma si svolge tra questi due uomini. La somma di denaro dovuta dal primo uomo è esorbitante ed è ovvio che il re rappresenta Dio, e che questa somma di denaro rappresenta la nostra impossibilità di *pagare a Dio* ciò che gli dobbiamo a causa della nostra iniquità. Questo è ciò che abbiamo citato in precedenza dal salmo 48,8-9: "Nessuno può riscattare se stesso, o dare a Dio il suo prezzo. Per quanto si paghi il riscatto di una vita, non potrà mai bastare...". Il re pronunciò la sentenza. L'uomo doveva essere venduto come schiavo con la moglie e i figli per restituire parte del dovuto. Ed anche tutte le sue proprietà sarebbero andate alla corona. L'uomo sapeva di essere completamente finito. Per di più

comprese di aver condotto a questa terribile sorte anche quelli che amava! In preda ad assoluta disperazione si gettò ai piedi del re ed implorò *misericordia*. La sentenza era già stata pronunciata, e *ciò* era intollerabile. La sola speranza era posta nel cuore misericordioso del re, re che era noto per il suo amore misericordioso.

Il re provò compassione per l'uomo: questo significa che fu veramente in grado di mettersi nei panni del servitore e quindi provarne il dolore. Ne conseguì che il re *gli condonò l'intero debito*! In un attimo l'uomo veniva destinato a lavorare come schiavo per tutta la vita, l'attimo dopo era un uomo libero. Ma non solo, ora non doveva più pagare *alcun debito*! Questo è incredibile.

Il perdono fu così completo che anche i *legittimi diritti* del re vennero revocati. Deve essere stato quasi impossibile comprendere un tale atto d'amore. Naturalmente vi era da aspettarsi che questo uomo fosse stato *così toccato* dalla generosità del re, che essa sarebbe divenuta il modello del suo comportamento. Certamente poteva comprendere che sarebbe stato *ingiusto* da parte sua comportarsi in qualsiasi altro modo, dato che le persone che ci feriscono di solito non sono in grado *di fare nulla a tale riguardo*. In un gran numero di casi, non possono eliminare il danno. Soltanto il tuo perdono può togliere il male da una situazione dannosa.

Vediamo se è pronto a concedere agli altri ciò che gli fu donato con tanta munificenza. Il racconto

prosegue dicendo che non appena quest'uomo si congedò dalla presenza del re, gli *capitò* di incontrare qualcuno che gli doveva tre mesi di paga. Sarebbe stato misericordioso, ora che sapeva cosa si prova ad *ottenere* misericordia? No! Afferrò il pover'uomo per la gola e corse il rischio di soffocarlo, chiedendogli il suo denaro. Il suo compagno si gettò a terra – ovviamente quando riuscì a liberarsi dalla violenta stretta – supplicandolo di aver pazienza poiché aveva ogni intenzione di rifondergli il debito. Si chiedeva quale fosse il problema. Non sapeva forse il suo creditore che lui intendeva pagare il dovuto? Perché quella improvvisa urgenza? Ma l'uomo che era stato perdonato non volle ascoltare e lo consegnò ai rappresentanti della legge perché lo mettessero in prigione finché non avesse pagato il debito.
Mio caro lettore, che sentimenti *provi* nei riguardi del comportamento di quest'uomo? Provi rabbia? Ritieni che fu *ingiusto*? Anche in un mondo basato sulla legge del taglione avrebbe dovuto avere il pudore di condonare il debito al suo compagno, dato che anche a lui era stato condonato. Gli astanti furono così arrabbiati quando videro che l'uomo a cui era stato perdonato non volle a sua volta perdonare, che riferirono tutto l'accaduto al re, il quale a questo punto si comportò con lui come lui si era comportato con il suo compagno! Ma con questa eccezione: in un primo tempo il re non aveva condannato questo servo per il suo debito. Aveva semplicemente pronunciato una sen-

tenza secondo la legge. Ma ora lo condanna anche. "Allora il padrone fece chiamare quell'uomo e gli disse: Servo malvagio, io ti ho condonato tutto il debito perché mi hai pregato. Non dovevi forse anche tu aver pietà del tuo compagno, così come io ho avuto pietà di te? E, sdegnato, il padrone lo diede in mano agli aguzzini, finché non gli avesse restituito tutto il dovuto. Così anche il mio Padre celeste farà a ciascuno di voi, se non perdonerete di cuore al vostro fratello" (Mt 18 ,32-35).

È soltanto con questo esempio che possiamo comprendere la logica del perdono o anche la sua giustizia. Gesù ci dice che dobbiamo ricordarci quanto Dio ci ha perdonato e quali sono per noi le eterne implicazioni di quel perdono, ed allora offriremo agli altri questo incredibile dono e saremo partecipi della loro redenzione. Quando ci vien chiesto di perdonare, siamo invitati a rappresentare agli altri il volto ed il cuore di Dio, per ottenere la loro salvezza. Come il Maestro siamo chiamati a vincere il male con il bene.

La caduta e l'ascesa di Pietro

Sfortunatamente non impariamo bene attraverso la teoria, ma ricordiamo però ciò che abbiamo sperimentato. Pietro imparò come proclamare al mondo questo perdono divino, sperimentandolo! Quindi esaminiamo la caduta e l'ascesa del nostro amato Pietro, colui che fu chiamato a guidare il gregge sulle orme del suo Maestro. Non vi è ombra di dubbio che Pietro amasse Gesù. Si lanciò nel ministero di Gesù con tutta l'impulsività e l'entusiasmo del suo essere, facendo spesso inciampare se stesso e Gesù con la sua "abilità" di agire prima di pensare. Una simile circostanza si ebbe quando egli volle impedire a Gesù di soffrire perché lo amava. Disse: "Dio te ne scampi, Signore; questo non ti accadrà mai". Il pover'uomo dovette subire un rimprovero molto duro dal suo amato Maestro in quella circostanza: "Lungi da me, satana! Tu mi sei di scandalo, perché non pensi secondo Dio, ma secondo gli uomini!" (Mt 16,22-23). Non fu facile per Pietro avere la meglio sui suoi sentimenti in quella circostanza, ma vi riuscì.

Il momento della crisi si ebbe quando questa sofferenza, che Pietro *davvero non voleva* per il suo Maestro, si verificò. Pietro aveva subito un duro colpo dal rimprovero, ma non aveva cambiato idea sulla necessità della sofferenza, se Gesù doveva redimere il mondo.

Pentimento vuol dire cambiare il proprio modo di pensare su un particolare argomento, e poiché Pietro non si è pentito, la Passione di Gesù diventa per il discepolo l'occasione per cadere in tentazione. Inoltre ci vien detto che né lui né gli altri discepoli avevano ubbidito a Gesù che li esortava a pregare, così entrarono nell'orto del Getsemani impreparati alla crisi che stavano per affrontare. Lì Gesù li invitò a pregare, ma essi non lo fecero. Dormirono (cfr. Mc 13,33-37; Mt 26,36-46).

Poi avvenne il disastro. Il Maestro fu arrestato e portato via in catene. Naturalmente Pietro cercò di difenderlo secondo il suo modo umano di pensare, che il Maestro non approvava. Trasse fuori una spada che teneva con sé e colpì il servo del sommo sacerdote, tagliandogli l'orecchio destro (cfr. Gv 18,10).

Che cosa cercasse di ottenere con questo gesto, sono sicura che neppure Pietro lo sapeva! Fu, ancora una volta, spinto soltanto dalla sua impulsività. Ma all'ultima cena aveva affermato che avrebbe difeso Gesù: «E Pietro gli disse: "Anche se tutti si scandalizzassero di te, io non mi scandalizzerò mai". Gli disse Gesù: "In verità ti dico: questa notte stessa, prima che il gallo canti, mi rinnegherai tre volte". E Pietro gli rispose: "Anche se dovessi morire con te, non ti rinnegherò". Lo stesso dissero tutti gli altri discepoli» (Mt 26,33-35). Ma ciò fu detto prima della prova.

Con l'arresto di Gesù subentrò la confusione, ma la curiosità indusse Pietro a proseguire per vedere che cosa sarebbe accaduto al Maestro. Tuttavia, non era più un vantaggio essere riconosciuto come discepolo se Gesù veniva condannato. E lo fu! Condannato dal sommo sacerdote e dal sinedrio, che decisero di consegnarlo a Pilato. E adesso? Pietro pensava di potersi nascondere tra la folla anonima; pensava che non sarebbe stato riconosciuto. Questa è la tentazione dei cristiani durante la persecuzione od un'era di incredulità come quella che stiamo attraversando proprio

ora, quando l'essere amico di Gesù va oltre "il puro dato di fatto". Non vi è alcun merito credere quando tutti credono, ma qual è la nostra posizione ora che costa?
Il primo peccato di Pietro fu di vergognarsi del suo Maestro. Il secondo fu che non elevò la sua protesta per testimoniare l'innocenza della vittima. Questo equivaleva a rinnegare Gesù pubblicamente. In terzo luogo, fece lega con "il mondo", e si scaldò al suo fuoco, mentre avrebbe dovuto rimanere fedele a Gesù ed al fuoco dello Spirito Santo che gli avrebbe dato sapienza e forza per affrontare la situazione, nella grazia. Poi, il caso volle che fosse riconosciuto. Una serva lo riconobbe come discepolo ed il suo quarto peccato fu che egli negò di essere un discepolo, facendo finta di non sapere ciò di cui ella stava parlando. Ma la serva persistette e qualcun altro riconobbe anche il suo accento. Sotto la pressione dell'accurato esame, Pietro perse completamente la testa ed imprecò e giurò di non aver mai conosciuto Gesù (cfr. Mc 14,66-72).
Questo fu il suo quinto peccato. Ora il figliol prodigo era al tappeto. Fu allora, in quella fase psicologica, che Gesù, che a sua volta era sottoposto ad un processo molto ingiusto, si voltò e guardò Pietro e trasmise la sua amorevole misericordia al suo discepolo peccatore (cfr. Lc 22,16).
Pietro crollò sotto la tensione di così tanto amore, uscì e pianse avviandosi sulla strada del pentimento e della libertà. Il focoso, impulsivo Simone Bar

Jona morì quella notte e nacque il nuovo Pietro, un monumento alla grazia di Dio, la nuova pietra su cui Gesù poteva contare per costruire la sua Chiesa (cfr. Mt 16,18). Questa pietra emerse dal seno del perdono ed un edificio dell'opera di Dio, doveva essere costruito solo sul perdono! Ogni pietra vivente nel nuovo Tempio sarebbe stata rigenerata con questo materiale divino, trasformando il più inverosimile materiale in una dimora adatta a Dio stesso, una dimora da Lui stesso edificata *tutta di grazia* (cfr. 1 Pt 2,4-10). La salvezza viene a noi, avvolta nell'amorevole perdono di Dio. Il perdono fu l'arma segreta di Gesù per vincere il male e trasformare il mondo, trasformando il cuore umano con questo straripante amore. "Dio infatti ha tanto amato il mondo da dare il suo Figlio unigenito, perché chiunque crede in lui non muoia, ma abbia la vita eterna. Dio non ha mandato il Figlio nel mondo per giudicare il mondo, ma perché il mondo si salvi per mezzo di lui". Gesù dovette morire per fare di Pietro una roccia ed anche per fare di noi pietre viventi del suo tempio. Fu una grazia pagata a caro prezzo, ma ne valse la pena.

Ma torniamo a Pietro nella notte della sua caduta. Portava nel suo cuore il terribile peso di non essersi reso disponibile quando Gesù aveva avuto più bisogno di lui. Le sue promesse a Gesù si erano rivelate prive di significato. Le sue parole erano risultate essere nient'altro che "aria fritta". Ora deve vedere il suo amato Maestro trattato così crudelmente ed è troppo tardi per poterlo aiutare. Il rimorso è una cosa tremenda e può sconvolgere una persona. Pietro si rende infine conto che Gesù deve morire per salvar*lo*?

Il sabato santo deve essere stato il giorno più lungo nella vita di Pietro. Il suo Maestro era morto e sepolto e i discepoli erano chiusi a chiave nella stanza superiore del cenacolo per paura che i capi ebrei volessero ora il loro sangue. Tutto l'eroismo se n'era andato. Vi era soltanto una dura realtà: senza Gesù non potevano fare nulla (cfr. Gv 15,5). Comunque, non fu la polizia che disturbò le loro fantasticherie, ma Maria di Magdala, annunciando la risurrezione. Le donne avevano visto Gesù risorto dai morti, ma la persona che *aveva bisogno di vedere Gesù* era Pietro. Che cosa doveva fare adesso? Ritornare a pescare? Gesù avrebbe *voluto* realmente persone come lui nel suo gruppo, addirittura per guidarlo? Luca ci dice molto semplicemente che "...il Signore è risorto ed è apparso a Simone" (Lc 24,34). Nessuna spiegazione. Quell'incontro fu così prezioso per Pietro che per una volta non ne parlò! Un conto fu per lui sapere nel suo cuore che Gesù l'aveva perdonato, ma in quel momento *ne ebbe la certezza.* Qualunque cosa avvenne fu troppo privata per un esame pubblico, fu un'esperienza dell'amore divino e della misericordia che conquistano un'anima per sempre, e vi piantano il glorioso dono dell'umiltà che proteggerà la grazia nel futuro.

Pubblica riconciliazione

Pietro era soddisfatto ora che le cose tra lui e il Signore erano sistemate. Il suo debito di sette miliardi e mezzo di lire era stato cancellato dai libri. Ora sapeva ciò che *si provava*. Sapeva veramente quanto fosse liberatorio sperimentare il perdono. E gli altri apostoli avrebbero accettato la guida di Pietro con la stessa semplicità di prima, visto che anche tutti loro avevano obbedito a Gesù? Neppure Giovanni, il discepolo diletto, aveva difeso il suo Maestro... Erano tutti nella stessa barca nei suoi confronti. Ognuno di loro aveva bisogno del Suo perdono. Nessuno aveva motivo di vantarsi. Pietro si sarebbe accontentato del perdono già ricevuto, ma Gesù conosceva molto meglio la natura umana. Così leggiamo in Giovanni 21 che dopo la pesca miracolosa sul lago di Tiberiade, Gesù si fece riconoscere da tutti i discepoli che stavano pescando, quando li invitò a mangiare sulla spiaggia. Poi sfidò Pietro di fronte a tutti, una triplice sfida per cancellare il triplice rinnegamento: "Simone di Giovanni, mi ami tu PIÙ di costoro?". Gli rispose: "Certo, Signore, tu lo sai che ti amo". Gli disse: "Pasci i miei agnelli". Gli disse di nuovo: "Simone di Giovanni, mi AMI?". Gli rispose: "Certo, Signore, TU LO SAI che ti amo". Gli disse: "Pasci le mie pecorelle". Gli disse per la terza volta: "Simone di Giovanni, mi ami?". Pietro rimase addolorato... e gli disse: "Signore, TU SAI TUTTO; tu sai che ti amo". Gli rispose Gesù: "Pasci le mie pecorelle". Cosa stava accadendo? Perché Gesù volle insistere per una pubblica riconciliazione? Aveva certamente perdonato Pietro. Ricordiamoci che Gesù è amore incarnato, pertanto qualunque cosa la compie nell'amore e per uno scopo d'amore.

Se perdoni qualcuno, devi trattarlo come se nulla fosse successo e tenerlo in considerazione esattamente come prima. Gesù dovette mostrare ai discepoli ed alla futura Chiesa, che quando Lui perdonava, il caso era chiuso e gli schedari venivano distrutti. Pietro era il capo degli apostoli prima di quell'evento e Gesù volle insistere nell'assicurarsi che continuasse ad esserlo anche dopo di esso. Non avrebbe permesso che a Pietro venisse rinfacciata la faccenda per torturarlo e causare discordia nella Chiesa, dove alcuni avrebbero potuto ritenere che Pietro non era adatto per il posto che occupava a causa di ciò che aveva fatto. Gesù sapeva che gli esseri umani possono rivelarsi subdoli e malevoli quando sono presi dall'ambizione.

Inoltre Gesù sapeva che Pietro era *diverso* in seguito a questa esperienza, e da ciò la domanda che deve avere sorpreso tutti : "Mi ami tu PIÙ di costoro?". Essi avrebbero detto che Pietro amava Gesù MENO di tutti gli altri! Dopo tutto, aveva imprecato e giurato di non aver mai conosciuto Gesù. Ma essi avevano dimenticato qualcosa di vitale che Gesù aveva insegnato e spiegato nell'episodio del perdono della donna peccatrice in Luca 7,36-50. «"Un creditore aveva due debitori..." [È la stessa parabola che abbiamo usato in precedenza, sebbene narrata in uno scenario diverso]... "l'uno gli doveva cinquecento denari, l'altro cinquanta. Non avendo essi da restituire, condonò il debito a tutti e due. CHI DUNQUE DI LORO LO AMERÀ DI PIÙ?". Simone rispose: "Suppongo quello a cui ha condonato di più". Gli disse Gesù: "Hai giudicato bene"».

Gesù insegnò che siamo tutti peccatori in rapporto a Dio, e secondo la logica umana, che i nostri peccati siano tanti o pochi, non possiamo comunque salvarci. Ma Dio ci perdona conformemente alla sua divina misericordia, non secondo i nostri supposti meriti. Perciò chi sarà più riconoscente, e quindi lo amerà di più?

La storia attesta la verità di ciò che disse Gesù, ossia che i grandi peccatori che acconsentirono di essere redenti da Lui sono proprio quelli che divennero GRANDI santi, a causa del *loro grande amore.* Gli esempi del Vangelo sono Maria di Magdala e Pietro, e successivamente Paolo.

L'amore di Pietro per Gesù divenne di tipo completamente diverso dal momento in cui sperimentò le pure, insondabili profondità dell'amore di Gesù. Ciò lo rese idoneo ad essere un *buon pastore,* a somiglianza del suo Maestro, uno che avrebbe trasmesso ai peccatori l'infinita misericordia e la pietà di Dio. In quel momento comprese una delle *chiavi del regno di Dio,* poiché soltanto Dio sapeva come liberare dai fallimenti del mondo e sostituirli con l'amore, la luce, la vita. Il perdono sblocca quelle situazioni apparentemente impossibili tra i popoli e le nazioni, assicurando che la vita può continuare sul pianeta Terra. L'alternativa è la reciproca distruzione. Questa pubblica riconciliazione di Pietro con Gesù fu una rivelazione molto importante per la Chiesa e per il mondo. Il proclama della Pasqua di Gesù ad ogni creatura è *"Perdonate per vivere!"*.

Una vera storia di perdono

Prima di giungere alla conclusione della nostra trattazione vorrei condividere con voi la storia di Veronica. È una storia vera, ma i nomi e i fatti sono stati cambiati, per proteggere i protagonisti. Riguarda due donne, due cognate, che, perciò, avevano tutti i vincoli emotivi ed i profondi sentimenti che accompagnano le relazioni di sangue e la lealtà familiare. La vicenda iniziò con la decisione di Maria di apportare un significativo cambiamento nella sua situazione finanziaria, un fatto decisamente respinto da Veronica, che rifiutò addirittura di discutere l'argomento. Veronica lo interpretò come un affronto fatto a lei ed alla sua famiglia e finì per respingere completamente Maria. La situazione fu complicata dalla necessità di Maria di andare a trovare l'anziana madre che viveva con Veronica. Questo semplice scenario fu l'occasione per un dramma che durò quattro anni, che influì in modo permanente sulla vita di entrambe ed in seguito diede tanta speranza ad altri che presero coraggio ascoltandolo. Maria era una cristiana impegnata e cercò rifugio nella preghiera per lenire i suoi sentimenti feriti. Voleva ubbidire al Signore, ma in questo caso non sapeva con precisione cosa fare. Parlò a Dio in preghiera: "Signore, che cosa devo fare? Che cosa posso fare? Non posso pensare in modo diverso. E comunque, sono io la persona ferita, non lei!". Dal Signore venne una risposta intransigente: "Perdonala. Perdonala di cuore, non con le labbra, e dopo io potrò operare". Così Maria trascorse del tempo per fortificarsi nella preghiera, e nella preghiera trovò la forza e il coraggio per liberarsi dai suoi sentimenti ed accettare il rifiuto di Veronica in pace. Non appena Maria fu pronta, il Signore le disse di andare a trovare la sua anziana madre. Andò, soltanto per ritrovarsi bloccata sul gradino davanti alla porta di casa, pesantemente ingiuriata, consapevole che gli occhi dei vicini stavano osservando dietro le tendine di merletto. Quando le venne anche impedito di vedere la madre, la sua umiliazione fu completa. Si allontanò ancora più ferita di prima, poiché questa ferita andò a gravare sull'altra assai recente. Mentre posava la mano sul cancello del giardino per andarsene, udì il Signore dire: "Perdona! Perdona di cuore. Non andare al di là del cancello senza perdonare. Mentre apri il cancello, apri il tuo cuore all'amore...". "Signore", disse Maria, "posso farlo soltanto per amor tuo. Potrei ucciderla, sono così arrabbiata!". Nel silenzio del viaggio verso casa, fu consapevole che il Signore stava sussurrando *molto gentilmente* che questa risposta andava bene per il momento, ma che in futuro sperava che potesse giungere ad amare realmente il suo prossimo! Maria, naturalmente, pensò che ciò non fosse affatto giusto, e rifiutò di discutere l'argomento ulteriormente.

Nondimeno, cercò di nuovo rifugio nella preghiera. Cos'altro poteva fare? Dove poteva andare? Non vi era che il Signore e sembrava quasi che Lui simpatizzasse con "l'altra parte"! Passato un po' di tempo per guarire e rafforzarsi, il ciclo iniziò un'altra volta con il solito segnale: "Visita tua madre" che Maria sapeva voler dire soltanto ulteriore flagellazione. Ed aveva ragione. Ciò andò avanti... e avanti... e avanti, per quattro lunghi anni. Il ciclo consisteva nel rifiuto, ingiuria, perdono, guarigione, ecc., finché sembrò che la routine non avrebbe mai avuto fine. Era accaduto qualcosa durante questo tempo? Era stato tutto vano? No. Molto era accaduto, ma in modo così tranquillo che neppure Maria l'aveva notato, poiché era così presa dalle sue risposte che si era dimenticata di considerare se vi erano stati cambiamenti dall'altra parte finché il Signore non richiamò la sua attenzione al riguardo. Fu soltanto allora che notò che l'atmosfera era cambiata in modo impercettibile. Il rifiuto persisteva, ma le ingiurie erano cessate. Fu stupita di constatare che i suoi sentimenti erano completamente cambiati. Non era più ferita. Aveva smesso di commiserare anche

Veronica. Semplicemente pregava per il suo bene, in pace. Non era più tentata di dire al Signore: "Benedicila... ma con un mattone!". (Un fatto con cui si era consolata era proprio "un concreto segno d'affetto!"). Desiderava realmente benedizione e grazia per la sua antagonista.
Per un motivo o per l'altro, ora la situazione era completamente diversa. Maria era emotivamente libera e si rese conto che Dio le aveva fatto un grande favore. Aveva usato questa situazione per costruirle una mirabile fortezza, dove i dardi infuocati del nemico non potevano penetrare. Era tranquillamente passata dal tempo cronologico in cui vige la legge del mondo, al tempo di Dio, dove Dio opera nella sua vigna secondo le sue leggi, che mirano alla Redenzione. Già questo era un buon frutto da raccogliere dal perdono, ma la generosità di Dio è infinita, pertanto vi era molto di più in arrivo.
La fase successiva fu una rivelazione per Maria, rivelazione che la fece ridere di se stessa e diventare più libera che mai. All'improvviso si rese conto di non essere il dono di Dio all'umanità, e che era normale che Veronica, o chiunque altro, non l'amasse o non amasse ciò che faceva! Ciò può sembrare banale, ma fu liberatorio. Cosa importa se qualcuno ti rifiuta e non è d'accordo con te? La vita non finisce lì. La vita continua. Cosa importa se qualcuno ti ingiuria? Ciò rispecchia soltanto il SUO modo di comportarsi. Non rispecchia necessariamente il tuo (in qualsiasi cosa). Lascia agli

altri la libertà di rispondere alla vita come desiderano. Semplicemente prega per loro, amali e servili come le circostanze ti permettono. Non dobbiamo assumere perennemente un atteggiamento negativo soltanto perché abbiamo avuto qualcosa da ridire con qualcuno.

Naturalmente questa libertà emotiva significò che Veronica perse il potere di ferire Maria. Fu come togliere la spada dalla sua mano e spezzarla. Un giorno Maria arrivò, si trovò tranquillamente accettata e le fu consentito di accedere alla madre. Naturalmente la povera madre era sconvolta al pensiero di assistere a continui litigi in famiglia. Immaginate la sua sorpresa quando Maria entrò nella sua stanza sorridendo! Immaginate il suo stupore quando Maria non ebbe bisogno di protestare o lamentarsi, ma invece si inginocchiò di fronte alla madre e disse: "Gesù ha detto che se due di noi si accorderanno per domandare qualunque cosa, il Padre la concederà (cfr. Mt 18,19-20. Questo testo viene proprio prima dell'insegnamento sul perdono). Vuoi unire il tuo dolore per Veronica con il mio, ed entrambe unire il nostro dolore con quello di Gesù, il nostro crocifisso e glorioso Salvatore, ed offrire ciò a Dio per la sua conversione?". La madre fu d'accordo e fu anche d'accordo di mantenere il silenzio sull'argomento. Poiché era costretta a restare in casa, Maria la rassicurò che non doveva preoccuparsi se le visite non erano frequenti. Questo non denotava una mancanza d'amore. La madre fu così sollevata che cominciò a sentirsi meglio e a muoversi di più. La svolta definitiva si ebbe quando Maria si presentò per un'altra visita e trovò una Veronica sorridente che l'accolse alla porta, la invitò ad entrare e le offrì un caffè. Mentre Veronica lo preparava, Maria pregò intensamente per ricevere aiuto, poiché era così abituata ad essere maltrattata che non sapeva come comportarsi di fronte a questa novità. Il caffè servì da distrazione mentre Veronica iniziò il suo racconto dei quattro anni trascorsi. Disse a Maria come avesse *letteralmente voluto che lei* la odiasse poiché ciò avrebbe giustificato il suo comportamento. Ma quando Maria rifiutò di odiare, Veronica la odiò ancor di più e volle accanitamente ferirla. Perciò aveva limitato le visite alla madre ed aveva aggiunto ingiuria e rifiuto. Quando sembrò che Maria non risentisse del male che le veniva fatto, Veronica smise di ferirla e si esaminò attentamente, rendendosi così conto di come fosse diventata cattiva e di essere lei la sola responsabile della situazione! Ma ora si era pentita, aveva confessato il suo peccato al Signore, ed aveva bisogno del perdono di Maria... e lo chiedeva in ginocchio!

Maria fu profondamente commossa quando Veronica le raccontò di aver visto in lei e nel suo comportamento degli ultimi quattro anni il volto e il cuore di Cristo. "Sei stata una vera icona" le disse. "Tu dovresti chiamarti Veronica, non io!". Lentamente Maria trovò il coraggio di raccontarle il suo aspetto della storia. Se prima Veronica si

era commossa, ora, mentre imparava quanto costa perdonare, rimase senza parole. Prima pensava: "Oh, si sa. Maria è fatta così". Non voleva vedere che Maria stava veramente soffrendo.
Ora dovette ascoltare il racconto della tremenda lotta che Maria sostenne per non odiare, per non rendere il contraccambio con parole od azioni. Maria non era "la santarella" che lei aveva sommariamente qualificato, ma un'amica di Gesù preparata a pagare il prezzo del discepolato. Veronica si sentì molto mortificata quando Maria confessò: "Prima di essere messa alla prova mi ritenevo una buona cristiana. Tu mi hai mostrato quanto fosse veramente superficiale il mio impegno per Cristo e la sua via. Veronica voglio ringraziarti per avermi obbligata a diventare una vera discepola di Gesù".
La cosa meravigliosa di questa storia è che riguarda due "cattive", non una, proprio come la storia del figliol prodigo. Tuttavia, ognuna a suo modo, e a suo tempo, fu disponibile ad imparare, e Dio usò un diamante per tagliare un altro diamante. Poiché il diamante è il materiale più duro che si conosca, Dio dovette usare qualcosa di irremovibile per fare in modo che Maria si muovesse spiritualmente. Come dice il Libro dei Proverbi: Il ferro si aguzza con il ferro e l'uomo aguzza l'ingegno del suo compagno. Il Signore, nella sua sapienza ha usato queste due persone per forgiarle reciprocamente alla santità. E dicono che Dio non ha il senso dell'umorismo!

Mio caro lettore, chiediti: Dio ti ha dato una Veronica? Se è così, per favore, non lamentarti dei tuoi privilegi. Il Signore è interessato alla tua crescita e te ne sta fornendo l'opportunità. La cosa più difficile è riconoscere 'Veronica', ma, fatto ciò, è relativamente facile andare dal Signore ed iniziare l'avventura. Buon viaggio!

Insuperabile benevolenza

Completiamo la nostra meditazione sul perdono guardando a Gesù, per conoscere il delicato soffio della sua divina, amorevole benevolenza, che trasforma il nostro inferno in paradiso. Gesù È PERDONO. È amore incarnato che spande il profumo del paradiso ovunque va. Tutto il suo ministero pubblico può essere posto sotto l'insegna del perdono, poiché Egli venne per trasmettere questo dono celeste a chiunque è disponibile a Dio, alla vita e alla salvezza. Gesù fece di tutto per incontrare gli emarginati della società. Prese quelli che gli altri chiamavano "gentaglia" e li trasformò in santi e missionari. Infatti mise a soqquadro il mondo con questi personaggi convertiti che nessuno poteva ridurre al silenzio perché volevano che i poveri del mondo sperimentassero la gloria offerta loro.

Gesù diede perdono dove Israele offrì soltanto condanna e morte. Tali furono i casi delle prostitute e dei peccatori che la legge avrebbe ucciso. Ma Gesù li chiamò, li perdonò, li guarì, li trasfor-

mò e attraverso loro portò il regno di Dio sulla terra.
Tutto questo è meraviglioso e noi amiamo leggere questi racconti nel Vangelo. Ma cosa accadde a Gesù stesso? Fu accettato? Fu accettato l'ambiente da cui proveniva? Fu accettata la sua dottrina? Lui perdonò, ma fu perdonato per il fatto di provenire da Nazaret? Per essere povero? Per non essere istruito? Per non cedere ai consolidati tabù dell'epoca? Per non limitare il suo comportamento all'ignoranza del tempo? No non fu perdonato. Fu deriso e schernito per essere un Maestro che non era passato attraverso "il sistema". Fu deriso per non avere discepoli istruiti (sebbene alcuni di loro lo fossero), per avere tra i suoi seguaci soltanto la plebaglia. I potenti della terra non avevano tempo per Lui, quantunque fossero gelosi del suo talento e del suo potere di guarire.
Peggio di questo era il fatto che gli scribi e i farisei lo seguivano ovunque per trovare da ridire su qualunque cosa dicesse o facesse. Erano arrabbiati poiché modificava regole antiquate, senza ricorrere a loro che travisavano le sue parole e lo accusavano di ogni sorta di misfatti. Tra le accuse che gli venivano mosse vi erano le seguenti: di essere un mangione e un beone perché si presentava come persona comune, non straordinaria come Giovanni il Battista. Dicevano che era posseduto da Satana e che compiva i suoi esorcismi per mezzo del potere di Satana. Lo accusavano di violare il sabato, il che per loro era un fatto grave. Lo accusava-

no anche di essere un nemico di Cesare ed un profeta che eccitava il popolo con falsi insegnamenti.
Il Figlio di Dio che cosa avrà provato per queste accuse, essendo disceso dal cielo appositamente per salvare le persone? Si sarà sentito ferito e disprezzato? Penso di sì. Tu cosa provi quando la tua famiglia o i tuoi amici ti trattano così? Ti viene il desiderio di fare grandi cose per loro? Gesù deve essere stato tentato di comportarsi come il Dio del Sinai nei loro confronti, vale a dire, deve aver provato il desiderio di giudicarli, piuttosto che di redimerli. Ed il mondo oggi non è diverso.
I capi di Israele non si rendevano probabilmente conto di come complicassero la vita a Gesù. Alla fine Egli pianse su Gerusalemme che aveva rifiutato la più grande benedizione divina che il mondo avesse mai conosciuto (cfr. Lc 19,41-44). E tuttavia, nonostante questo, continuò a donare la propria vita per quelle persone che lo rifiutavano, ed esse, nonostante ciò, non lo ringraziarono. Erano invece liete di liberarsi di Lui, così da poter ritornare alla "normalità", qualunque fosse. L'intero ministero di Gesù potrebbe essere descritto in termini di "legare e sciogliere". Egli era venuto per proclamare ai prigionieri la liberazione (cfr. Lc 4,18), e liberare tutti dalle loro schiavitù, materiali o spirituali. (È importante notare che il vero significato della parola 'perdono' è quello di slegare qualcuno e lasciarlo andare libero). Liberò i lebbrosi dalla lebbra e gli ammalati dalla malattia. Liberò le pro-

stitute dalla schiavitù del denaro. Liberò i peccatori dalla schiavitù del peccato e liberò persino dai legami della morte. Ma la malvagità tramò contro di Lui, mossa da Satana, il maestro di tutte le malvagità.

Tuttavia, quando Gesù si arrese ai suoi nemici nell'orto del Getsemani, essi lo legarono e lo tennero prigioniero fino alla morte. Vi fu misericordia per il misericordioso? Vi fu perdono per colui che perdonava? Vi fu amore per colui che amava? No, poiché gli esseri umani sono crudeli. La crudeltà dell'uomo verso i suoi simili è uno dei grandi misteri che dobbiamo affrontare sulla terra.

Gli fecero l'esatto contrario di quanto Lui aveva fatto per gli altri. Quando fu legato fisicamente, essi tentarono poi di legarlo emotivamente attraverso la tortura ed un ingiusto processo basato su accuse che venivano modificate per adattarle alle mutevoli circostanze della corte di Pilato. Poi fu inchiodato alla croce finché morì. Colui che aveva liberato gli altri, morì inchiodato alla croce. Fu giusto tutto ciò? Fu questo il modo di trattare il benefattore della razza umana? Il solo che ci poteva salvare dai nostri peccati? Il solo che poteva fare qualunque cosa per la nostra salvezza? Non è assurdo che gli ammalati uccidano il solo medico vivo?

Come reagì Gesù? Respinse quando fu respinto? Ripagò con la stessa moneta? Maltrattò verbalmente o in altro modo? No! Rimase in silenzio di fronte ai suoi accusatori, parlando soltanto quan-

do fu costretto a farlo sotto giuramento. Mantenne un tono di umile rispetto di fronte ai legittimi capi della "Chiesa" e dello stato. Allo stesso tempo, mantenne la sua dignità e la sua libertà personale, così che nessuna tortura poté carpirgli una qualche risposta che non volesse dare. Il suo atteggiamento di fronte ad una tale ingiustizia fu di regale dignità, e niente di ciò che gli fu fatto gli tolse questa regalità. Anzi non fece che riaffermarla, poiché fu il suo carnefice, il centurione, che disse non appena esalò l'ultimo respiro: "Veramente quest'uomo era Figlio di Dio!" (Mc 15,39).
Mentre tra atroci dolori stava morendo appeso alla croce, Gesù riuscì a trovare delle giustificazioni per i suoi assassini: "Padre, perdonali, perché non sanno quello che fanno". In realtà essi SAPEVANO cosa stavano facendo. Avevano deliberatamente architettato la sua passione e morte, ed il trionfo fu vederlo morire di una morte ignominiosa. Tuttavia Gesù aveva ragione. In senso ancor più profondo, se i loro occhi fossero stati veramente disposti a vedere chi Egli realmente era, non avrebbero mai crocifisso il Signore della gloria (cfr. 1 Cor 2,8).
Soltanto occhi ciechi potevano compiere un tale misfatto e quella è la scusa per il perdono.
Che amore invincibile! Che grandezza d'animo! Che uomo! Che Salvatore! Che incredibile umiltà da parte del nostro Dio! Trepidiamo alla sua presenza, chiediamo la sua luce ed ubbidiamo al suo comando di amare ad ogni costo.

Un'ultima parola: per favore ricordate che quando le persone ci feriscono in realtà è proprio vero che non sanno quello che fanno. Certamente si rendono conto che ci stanno ferendo ma la maggior parte di loro non vorrebbe mai consciamente infliggere il danno emotivo che può essere prodotto. Molto spesso gli individui che feriscono gli altri stanno ferendo se stessi e l'offesa parte da quell'area della loro vita che non è guarita. È possibile che dopo aver contemplato Gesù, anche noi possiamo dire: "Padre, perdonali, perché non sanno quello che fanno"? Se possiamo far questo, allora siamo i privilegiati che hanno la terra in eredità, ed anche il regno di Dio è nostro. Quale grande tesoro!

Libro di pag.75 L. 8.000

LE DUE VIE SCEGLI LA VITA

"Io pongo oggi davanti a te la vita e il bene, la morte e il male..." (Dt 30,15-20). Mosè non fu il primo maestro a presentare agli uomini le due vie. La stessa scelta fu prospettata ad Adamo ed Eva ed al lettore del Genesi. La stessa scelta fu offerta da Gesù in molte occasioni, come parte del suo insegnamento. La scelta è, semplicemente, tra la volontà di Dio e la dell'individuo; tra la via larga che porta verso la distruzione e la via stretta che conduce alla vita.

Libro di pag.58 L. 8.000

CHIAMATI ALLA SANTITÀ

Non appena i cristiani scelgono la via di Dio essi avvertono pienamente una nuova chiamata: la chiamata alla santità. Ciò può a prima vista spaventarci, poiché non ci piace essere differenti dagli altri. Ma in realtà Dio ci sta richiamando alla nostra vera natura: la Sua natura poiché noi siamo stati creati a Sua immagine. In queste pagine, Frances Hogan esplora la santità di Dio nella Bibbia e la via che Egli ha predisposto per il nostro itinerario cristiano. Il cammino comincia con la nuova nascita e noi lo percorriamo con l'aiuto della Chiesa, dei sacramenti e della Parola. Come prima cosa tuttavia dobbiamo rispondere alla chiamata.